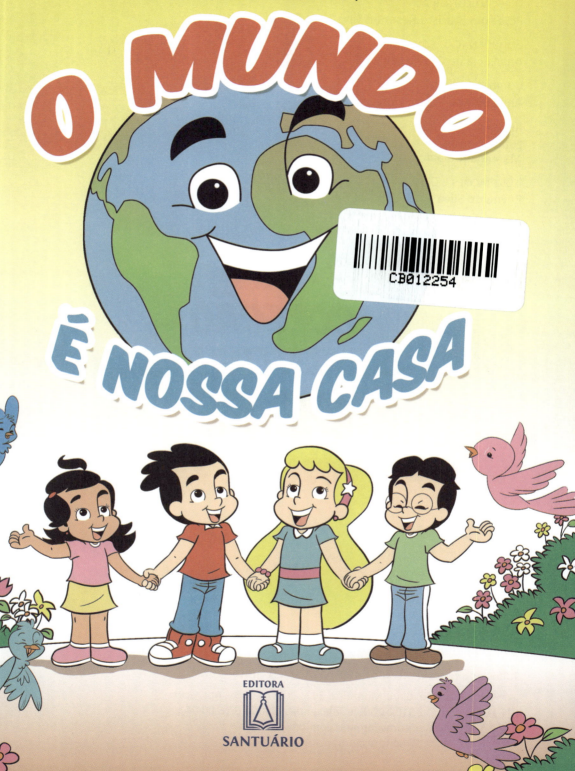

Direção editorial:
Pe. Fábio Evaristo Resende Silva, C.Ss.R.

Coordenação editorial:
Ana Lúcia de Castro Leite

Copidesque:
Ana Lúcia de Castro Leite

Revisão:
Luana Galvão
Manuela Ruybal

Ilustrações e Capa:
Reynaldo Silva

Diagramação:
Bruno Olivoto

ISBN 978-85-369-0412-2

2ª impressão

Todos os direitos reservados à **EDITORA SANTUÁRIO** – 2022

Rua Pe. Claro Monteiro, 342 – 12570-000 – Aparecida-SP
Tel.: 12 3104-2000 – Televendas: 0800 - 0 16 00 04
www.editorasantuario.com.br
vendas@editorasantuario.com.br

APRESENTAÇÃO

A Editora Santuário, cumprindo sua missão catequética e evangelizadora, coloca ao alcance dos pais, catequistas e das Comunidades a Coleção **Sementinhas de fé**. O projeto quer ser um subsídio que complemente e dinamize o processo catequético, oferecendo os principais elementos da fé cristã, numa linguagem simples e adequada à idade das crianças, que estão sendo iniciadas em sua vida de fé.

Os livros foram concebidos para serem bastante interativos, com ilustrações e tarefas que despertam o interesse da criança em explorar e conhecer os conteúdos que serão aprofundados na catequese. Portanto, os livros podem ser usados tanto no contexto da catequese formal, oferecida pelas Comunidades, como também pelos pais, pastorais e grupos que trabalham com crianças.

Há desenhos intencionalmente preparados para a criança colorir conforme sua percepção. É bom deixá-la colorir conforme seu desejo. Melhor o adulto não interferir, mas sim dar uma palavra de incentivo. Os catequistas ou os pais poderão ajudar a criança a penetrar cada página, mas jamais subtrair sua reflexão. Quando a criança fizer uma pergunta, essa jamais poderá deixar de ser respondida, e é bom lembrar que a resposta não deve ser além de sua pergunta.

Neste sétimo volume, intitulado **O Mundo é nossa casa**, desejamos despertar na criança a beleza da criação divina, o cuidado e carinho que devemos ter com tudo o que Deus criou. É o desejo de despertar na criança o amor à vida.

Desse modo, esperamos colaborar com a formação humana e cristã das crianças, ajudando os pais e catequistas a ter em mãos um material que os auxilie nesse compromisso de fé.

Tudo o que for feito para ajudar as pessoas, a começar pelas crianças, seja para a glória de Deus e de seu Filho Jesus Cristo. Assim seja.

Pe. Ferdinando Mancilio, C.Ss.R.

O MUNDO É NOSSA CASA!

Você vai ajudar o mundo
a ser melhor!
Ele é sua casa!
A casa de seu papai e sua mamãe e
de todas as pessoas do mundo!
Então, não podemos estragar o
que é de todos!

Como é bonito o mundo! Ele foi criado por Deus.
Tudo o que existe nasceu do pensamento do Pai do céu.
O céu azul, as estrelas, o mar, todos os animais, os rios e as montanhas foram feitos por Deus.

ELE FEZ O MUNDO E NOS
DEU DE PRESENTE.
QUANDO GANHA UM PRESENTE,
VOCÊ JOGA FORA? NÃO!
VOCÊ CUIDA DELE!
ASSIM DEVEMOS FAZER COM
TUDO O QUE DEUS
CRIOU PARA NÓS...

O PAI DO CÉU VIVE PASSEANDO PELOS ASTROS, PLANETAS, GALÁXIAS, COMETAS...
ELE VÊ QUE TUDO O QUE ELE FEZ É MUITO BOM!

HÁ UMA COISA MUITO BONITA NA VIDA DAS CRIANÇAS:

Elas brincam de verdade!
Elas não são falsas
nem fingidas!
Elas são um bem para o mundo!
Elas não estragam o mundo
nem praticam maldades!
Os adultos têm muito o que
aprender com as crianças...

Já imaginou se todos os adultos saíssem para passear, fossem lá para as galáxias e planetas, e as crianças governassem e cuidassem do mundo?
Depois eles voltariam...
O mundo ia ser diferente, muito diferente: SEM VIOLÊNCIA, SEM MALDADE, SEM PESSOAS ESTRAGANDO A NATUREZA...

VAMOS REZAR:

Pai do céu, obrigado por todas as maravilhas que o Senhor fez para nós. O Senhor tudo criou com muito amor. Mas as pessoas, às vezes, não respeitam tudo o que o Senhor fez, destruindo, ferindo e matando. Eu vou cuidar da natureza e da vida das pessoas, como se fossem um jardim cheio de flores. Eu quero, Pai do céu, respeitar e defender tudo o que o Senhor criou para nós. Amém!

PARA COLORIR

VAMOS APRENDER E GUARDAR NO CORAÇÃO:

1. Foi Deus que fez _____ ____ _____ que existem.
2. Deus fez um lugar _____ para nós morarmos, que se chama mundo.
3. Eu vou _____ todas as maravilhas que Deus fez para mim e para meus coleguinhas.
4. Eu vou _____ das árvores, dos bichinhos e _____ as pessoas.
5. Quem _____ o que Deus fez não gosta de Deus nem das _____.

1. TODAS AS COISAS – 2. BONITO – 3. RESPEITAR – 4. CUIDAR/AMAR – 5. ESTRAGA/PESSOAS

Você sabia que não respeitar a criação de Deus – tudo o que Ele fez – é estar contra Deus? Assim ninguém vai ser feliz... Ele fez tudo para nosso bem. Estragar o mundo é prejudicar-nos e os outros também...
Quem é egoísta não pensa nos outros nem respeita o bem, que é de todos!

VOCÊ SABIA QUE DEUS:

No **PRIMEIRO DIA** FEZ O CÉU, A TERRA, A LUZ E A NOITE?
No **SEGUNDO DIA** SEPAROU A ÁGUA DA TERRA?
No **TERCEIRO DIA** FEZ A VEGETAÇÃO E AS ÁRVORES QUE DÃO FRUTOS SABOROSOS?
No **QUARTO DIA** FEZ AS ESTRELAS, O SOL E A LUA?
No **QUINTO DIA** ENCHEU DE SERES VIVOS AS ÁGUAS DOS RIOS E DOS MARES?

NO **SEXTO DIA** FEZ OS ANIMAIS SELVAGENS E DOMÉSTICOS, FEZ A MIM E A VOCÊ, O HOMEM E A MULHER, À SUA IMAGEM E SEMELHANÇA?
NO **SÉTIMO DIA** DESCANSOU, OU SEJA, CONTINUOU SEU AMOR POR NÓS!

VIVER NO MUNDO COM AMOR, MAS NÃO ESTRAGAR TODA A CRIAÇÃO DE DEUS POR CAUSA DE NOSSO EGOÍSMO! AÍ DEUS NÃO FICA FELIZ COMIGO NEM COM VOCÊ.
MAS EU E VOCÊ VAMOS SER DIFERENTES! VAMOS CUIDAR DAS COISAS QUE DEUS FEZ!

VOCÊ QUER SOMAR COMIGO NO CUIDADO COM O MUNDO?
EU E VOCÊ JUNTOS VAMOS MUDAR AS COISAS ERRADAS DO MUNDO E DEIXÁ-LO MAIS BONITO.
E DEUS VAI NOS AJUDAR A FAZER ISSO!

Um recado para gente grande que estraga a natureza e as coisas bonitas que Deus fez:

VAMOS REZAR:

Pai do céu, eu amo muito tudo o que o Senhor criou para nós. Eu vou cuidar das coisas bonitas que o Senhor fez para nós. Não vou estragar nada e vou cuidar muito bem das plantas e dos animais. Vou cuidar dos rios, para que não se tornem mais poluídos e assim os peixinhos e outros animais possam viver bem neles e perto deles. Obrigado, Pai do céu, pelo mundo que o Senhor deu de presente para nós. Amém!

HÁ UMA COISA MUITO BONITA PARA VOCÊ APRENDER E LEMBRAR SEMPRE:

Deus trabalhou muito para deixar o mundo prontinho para morarmos nele. Jesus também falou de coisas bonitas, olhando para o mundo que o Pai do Céu fez. Ele falou assim:

"Observai os lírios: como crescem! Não trabalham nem fiam. Ora, eu vos digo, nem Salomão, no auge de sua glória, vestiu-se como um deles" (Lc 12,27).

E NÓS PODEMOS VER E SENTIR QUE:

- O PASSARINHO CANTA, PORQUE NÃO TEM TRISTEZA NEM MALDADE.
- O RIO VAI DEPRESSA EM DIREÇÃO AO MAR, PORQUE GOSTA DELE E O AMA.
- A ÁRVORE QUE VOCÊ PLANTOU CRESCE, PORQUE QUER AJUDAR VOCÊ COM SUA SOMBRA E FRUTOS.
- O PEIXINHO TORNA-SE SEU AMIGO, SE VOCÊ FALAR COM ELE TODOS OS DIAS.
- A ROSEIRA OFERECE ROSAS, PORQUE QUER VER TODO O MUNDO FELIZ, POR ISSO ENFEITA E TRAZ ALEGRIA.

- A LUA E O SOL SÓ QUEREM ILUMINAR E ESPANTAR A ESCURIDÃO.
- CADA DIA QUE AMANHECE, OS PASSARINHOS CANTAM FELIZES E ALEGRAM NOSSO CORAÇÃO.
- AS ESTRELAS NO CÉU, QUE NINGUÉM PODE CONTAR, FALAM-NOS DA GRANDEZA DE DEUS.
- A PLANTA QUE GANHA A ÁGUA CRESCE, FLORESCE E ENFEITA MINHA CASA, MEU JARDIM.
- E LÁ DO ALTO DA MONTANHA, O QUE VAMOS CONTEMPLAR? UMA BELEZA SEM-FIM...

SABE O QUE VOCÊ PODE FAZER AGORA?

ESCREVER UMA **ORAÇÃO** PARA DEUS,
DIZENDO OBRIGADO PELA NATUREZA
E PELA VIDA QUE ELE NOS DEU.
VAMOS LÁ! ENTÃO COMECE
A ESCREVER:

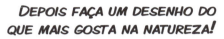

DEPOIS FAÇA UM DESENHO DO QUE MAIS GOSTA NA NATUREZA!

LEMBRE-SE:

- O MUNDO É NOSSA CASA!
- SE CUIDARMOS DELE, TODO MUNDO VAI VIVER FELIZ!
- QUANDO CUIDAMOS DA NATUREZA, DEUS FICA MUITO CONTENTE COM A GENTE!
- VOCÊ NÃO QUER DEIXAR DEUS TRISTE, NÃO É MESMO?
- ENTÃO VOCÊ JÁ SABE O DEVE FAZER...